AF599675

A Fabio

A Fabio

José Gabriel Fuentes

TEXTOS
José Gabriel Fuentes

PORTADA
Paloma Egea González

MAQUETACIÓN
Andrea Gómez Expósito

NÚMERO DE EDICIÓN
Primera

EDICIÓN
Postdata Ediciones

ISBN
978-84-19411-93-8

DEPÓSITO LEGAL
V-4142-2024

A Gabriel Fuentes,
gracias por hacerme entender el amor
y la vida.

Prólogo

"El pene de la muñeca".

Conocí a José Gabriel con esa frase hace unos 15 años. La vida entonces era un teatro, y sinceramente, ¿cuándo no lo es?

Con una normalidad aplastante nos adentrábamos en las vulvas y los penes, el deseo y la imaginación, sin ser nosotros nada escrupulosos, en una obra de teatro que quizás nos abrió los ojos, la mente y el corazón…

Esa inconformidad del ser que llevábamos dentro, esa discusión con una misma por el estar y el sentir y lo correcto es muy tediosa y me gustaría ponerme poética pero no puedo romantizar una salida del armario tardía, para lo que yo considero pausada y reprimida en los tiempos que corren ahora. Le pido perdón a mi yo de 15 años, a mi yo poético, a mi yo tardío.

José Gabriel nos habla de sus golpes sobre la herida, de sus miedos pasados y presentes, de la difícil decisión del ser.

De la culpa.

Menos mal que elegiste la vida.

Sí que me puedo poner poética, por ejemplo, con las caricias que vinieron después, con la libertad de sentir el placer que yo quisiera sentir, con las pieles que me tocaron y los besos que me sanaron. ¿Años después? Sí. Todos renacemos en algún momento de nuestra vida, justo cuando parece que siempre hemos estado en otra parte, ahí es cuando nos encontramos, precisamente cuando la ausencia de miedo por fin nos deja ver. Porque llega un momento en el que todo encaja, tu ser y tu mente se conectan, se escuchan, y terminan amándose. Y no hay nada más bonito que eso en esta vida.

Menos mal que elegiste la vida.

Yo ahora, al igual que tú, puedo dormir con la persiana echada y cocinarme mi propia poesía, sin esperar que nadie venga a hurtadillas en mitad de la noche a sanarme, a recitarme o a comerme; porque ahora, ya, en este mismo instante, mi ser y mi cuerpo están encendidos por dentro.

Marina Fernández Lores

LA CANCIÓN DEL MARIQUITA

Federico García Lorca

El mariquita se peina
en su peinador de seda.

Los vecinos se sonríen
en sus ventanas postreras.

El mariquita organiza
los bucles de su cabeza.

Por los patios gritan loros,
surtidores y planetas.

El mariquita se adorna
con un jazmín sin vergüenza.

La tarde se pone extraña
de peines y enredaderas.

El escándalo temblaba
rayado como una cebra.

¡Los mariquitas del Sur,
cantan en las azoteas!

Federico, nadie podrá matar tu poesía, en la que hoy, hombres como yo, nos refugiamos. Nadie encuentra tu cuerpo pero todos sentimos tu alma.

Es curioso, porque ni tú sabes que vas a leer,
ni yo sé que voy a escribir,
ambos nos encontramos en esta de incertidumbre.

Lo primero y antes de seguir, gracias.
Estas dedicándome tu tiempo.
Me siento un privilegiado,
en y de tu vida.

El instante es lo más valioso
que una persona puede concederte.
Y saber esto me acojona,
me parece de una responsabilidad inmedible,
darte estas palabras,
y que ellas ocupen tu presente.

Ojalá llegues hasta el final,
Ojalá entiendas el principio.

Haré de letras corazón y te escribiré todo lo que sé y siento.
Mis heridas son las que dan forma
a esta prosa poética desordenada,
todo lo que dentro de mí aún sangra.

Antes de juzgar
recuerda que la herida es simple en ojo ajeno
y sólo duele en corazón propio.

Ojalá llegues hasta el final,
Ojalá entiendas el principio.

Ser gay y sentirme culpable
es el mantra de mi vida

Yo no pedí ser nada de eso y mucho menos culpable.

Mientras mis dudas consumían mi existencia,
mientras los golpes, los insultos y,
sobre todo, el dolor construían mi certeza,
me tocó darme cuenta de esto.

El armario de mi homosexualidad
estaba cerrado por la culpa.

Una culpa que aún a día de hoy me hace agachar la cabeza
en una sociedad que defiende la diversidad atacando.
Y a mí me siguen dando mucho miedo los golpes,
aunque sean para defender.

¿Defendemos la diversidad desde el amor
o desde el miedo? Pregunto y suspiro.

En la calle gritan golpes e insultos en paralelo
buscando justicia,
hacen una reivindicación necesaria y a la vez amenazante.
Y a mí sí me preguntan.
Yo así no sé,
no puedo.
Yo sé reivindicar,
sé hacerlo, pero de otra forma.

Y por eso este libro.

Escribo sobre un pasado
que aún pesa y duele en el presente,
un pasado donde hubo gritos, golpes y reivindicación.

Un heterosexual reivindicó su masculinidad en mi cuerpo.
Me acorraló contra la pared,
puso su brazo en mi cuello
y me dijo que los maricones
tenían que mirar al suelo,
que daban asco.

Me prohibió el contacto visual
con cualquier persona del instituto
y, aunque él no lo sabía,
me condenó a creer esa realidad de por vida.

Me dejó sin aire, sin aliento
y, durante más años de los que me hubiera gustado,
sin vida.

Sigo vivo, pensarás.
Por suerte, por pura suerte.
Un ¡para! retumbó en el momento oportuno
y, por suerte,
creí esa voz por encima de mi realidad.

Todo lo que está vivo no puede estar muerto.
Pues en mi caso sé que es posible.
Pensé en huir tan lejos como mis pensamientos me decían.
Irme lejos de mi propia existencia.
Necesité contemplar la posibilidad del suicidio tan cerca,
tan jodidamente cerca, que tuve que decidir.

O ser gay me mataba o me hacía más vivo que nunca.

Esta certeza aún crece en muchos lugares,
donde a veces es demasiado tarde
para calmar la sed y entender el amor.

No quiero hacer de este libro el lamento que no supe contar,
tan solo quiero decirte cómo aun con culpa de ser tú mismo
puedes vivir y hacer muchas cosas.

Recuerdo que por mucho que intentara masturbarme
pensando en la chica guapa de la clase,
al final todas las eyaculaciones me llevaban al mismo placer.
Al placer de la libertad.
¿Y por qué te cuento esto?
Porque por mucho que intentes esconder tu autenticidad,
por mucho que intentes hundirla debajo del mar,
al final te despistas y sale a flote.

De repente tu esencia sale del agua
y todo el mundo ve que tú nadas diferente.
Que sabes cómo sobrevivir en el océano,
pero a tu estilo y que cuanto más te esfuerzas por nadar
como te dicen,
más te ahogas.

Y al final tienes que decidir entre ahogarte o respirar.
Salir del armario o quedarte para siempre dentro.
Sentirte culpable por lo que eres o por lo que no eres.
Al final decides.
Por eso transformo la culpa en este libro
para que sea más agradable de mirar.

La maquillo y le digo:
ya que vienes conmigo,
ponte guapa.

Esto es coger la mierda y transformarla en abono.
No sé si es justo lo que nos ha tocado vivir,
como personas, como colectivo
pero si sé que es necesario
entender el amor incondicional hacia ti mismo.
Es lo único que nos mantendrá vivos.

Vas a leer ejemplos de muchas culpas.
Un mix de culpabilidades con una base.
Miedo a ser y miedo amar.

En estos casi poemas, encontrarás el desamor, la ira,
y solo la paz que en contadas ocasiones sé darme.

Aún trabajo por ser mucho más que una etiqueta.
Aún trabajo por mirarme en el espejo y reconocer en mí
la voz que necesita hablar y el amor que solo quiere existir.
Aún trabajo por verme más allá de una culpa
que ni siquiera es mía.

Quiero decirte que, con quien te acuestes,
no es tan importante como el simple hecho
de ser buena persona.
Eres más, mucho más,
que la opinión impuesta por una sociedad
que necesita definir lo que no entiende.
Eres más y nunca menos
que los miedos de otras personas.

Este libro suspira un porqué muy hondo.
No elegí ser gay,
de hecho de ser una opción
y teniendo en cuenta mi tendencia a la ansiedad,
igual me replanteo hacerlo diferente.
Una vida con menos dedos señalándome,
menos golpes e indiscutiblemente menos amor.

Solo sé amar con el corazón cuando amo a otro hombre.

Me permito el lujo de vivir en esta parte de mí
que aún sangra,
con todo lo que dudó, calló y sobre todo, lloró.
La abrazo y entiendo que es mi historia y que esta historia
forma parte del libro sin respuestas que martiriza
a personas 'como yo' que aún necesitan ir dando codazos
para hacerse un hueco en esta sociedad.
Personas que sienten el lamento continuo
y cansado de tener que argumentar el derecho a amar.

Estas son mis tiritas en forma de palabras,
mis letras ocultas, mis lágrimas en silencio…
Con el alma y con toda la vulnerabilidad que siento.
Gracias.

CULPA DE SER
entre otras cosas
GAY

SOY BIZCO Y SÉ AMAR

Mirándome a los ojos encontrarás un estrabismo de dudas.
Un ojo mirándote a ti
y otro al miedo.

Miedo a no ser.
O quizás miedo a ser.

En cualquier caso,
me temo que
ser bizco es
solo un motivo más para agachar la cabeza.

¿CUÁNDO SUPE QUE ERA GAY?

Mi infancia no fue mía.

El pecho arde.
y una voz dijo
esto no está bien.

Qué realidad tan incoherente
sé que soy y que no puedo ser.

El maricón.

Mi infancia no fue mía.

Soy una pieza
en un puzzle equivocado.
Son tus expectativas,
hombre que me diste la vida

Mi infancia no fue mía.

Saca buenas notas,
pórtate bien,
juega al futbol.
¡Deja la muñeca de tu hermana!

Mi infancia no fue mía.

Nunca llegué a sacar un sobresaliente
tampoco aprendí a llorar.
Jamás salí del banquillo.

La Barbie estaba escondida.
Dentro del armario.
Conmigo.

Mi infancia no fue mía.

E.S.O SOY YO

Suena el timbre.
Anuncia el recreo.
Es el momento de tener amigos.
Treinta minutos de soledad.
Treinta minutos de tristeza.

No tengo a nadie a quien ofrecerle *risketos*.
¿Será mi culpa?

No hables con el maricón.

Este dolor anestesia mi alma.
No sé lo que soy.
Ellos lo tienen más claro que yo.

No tengo más ganas de estar.
No tengo fuerzas para ser.

Tras esta barandilla,
una posibilidad.
Tranquilo,
con esta pluma no vuelas.
Saltar.
Y fin.

Suena el timbre.
Fin del recreo.
Salvado por la campana.

¿ERES EL QUE DA O EL QUE RECIBE?

No soy menos por estar a cuatro patas
Ni eres más por soplarme la nuca.

ERES MUY GUAPO PARA SER GAY

No sabía que tenía que elegir.
¿Es avaricia ser ambos conceptos?

Rechazaría ambas cosas,
para que no pudieras etiquetarme
en esa mierda de opinión.

ERES MUY PROMISCUO

No hables de lo que no sabes.
Soy libre de hacer con mi cuerpo lo que quiera.
Sé follar sin jurar amor eterno.
Y sé hacer el amor.

LA PRIMERA PALIZA

Parpadeo a portazos de rabia.
Es un odio que no entiendo.
No queda distancia entre mi cara y el suelo.
Tus patadas duelen.
Es la primera vez que atentan contra mi cuerpo.
Y contra mi alma.

Tus gritos mecen mi miedo
¿Esto tiene fin o solo es el principio?
La incertidumbre seca mis lágrimas.
Y el miedo recorre mis venas.

AL PRIMER HOMBRE QUE ME RECHAZÓ

Mírame, soy el mismo.
Soy el mismo desde que nací.
Soy el mismo de hace treinta segundos.

[Quizá fue menos el tiempo que ocupó mi voz
dándole sentido a esas palabras].

No encuentro la diferencia,
no existe en mi alma un antes ni un después.
Te sigo viendo como el mismo padre.
¿Puedes verme como el mismo hijo?

No sigas en silencio,
aunque sea para insultarme
por favor, háblame.
Tu indiferencia me anula,
me deja ausente en una vida que se me escapa.

No pedí ser nada,
solo quiero amar.

¿Papá me dejas amar?
¿Papá me dejas (de) amar?

DESPEDIRSE

Ha llegado el momento.
Repite conmigo.
Adiós.

Sé que duele,
sé que arde,
sé que lloras.

Pero las lágrimas de este adiós
tejen un disfraz.
Mañana serás el personaje.
De hijo, hermano y nieto
heterosexual.

MALA PERSONA

Esta noche me llamo Pablo.
En este puticlub,
esta noche me llamo Pablo.
No sé quién soy, ni qué hago aquí.
Sé que tengo que estar.
Cien euros es el precio de mi curiosidad.
Barato me parece.
Cien euros y de repente se desvanecen las dudas.
Y encajo.

Está mejor visto ser putero que maricón.

Elige cualquier chica me recomienda Jessi
–¿Vosotras podéis elegir?
–Sí.
Paralelamente su tristeza dice.
–No.

Entonces la cerveza me empieza a saber a moralidad.
Recuerdo quién soy y no tiene nada que ver con el sexo.

Soy buena persona.

CULPABLE DE AMAR
a todos mis exs.

A los que duraron uno
o varios polvos.
A los que no supe querer.
A los que no debí querer.
A los que todavía quiero.

LA ESPERA

Suena la puerta y eres tú.
Me dijiste que vendrías a las seis.
Son las seis y dos minutos.
Entras y respiro.
Ciento veinte segundos de pensamientos.
Me besas.
Me calmo.
Dicen que es dependencia.
¿Qué sabrán los que no te conocen?

¿Es ansiedad o es amor?

QUE NO AMANEZCA

En la oscuridad de la noche
en mi cama
se acomoda la ausencia.
Las estrellas calladas
dan sonido a mis pensamientos.

Lo que sé no es cierto
pero lo que siento sí.

Sé que no estás
y siento que no te has ido.
Incoherente en preguntas
busco respuestas de mierda.

¿Vendrás a poner tus pies fríos sobre los míos?

Desde entonces no duermo con calcetines.
Como Wendy cuando dejaba la ventana abierta
por si Peter volvía.

Él se quedó en nunca jamás.
Como tú.

RELACIÓN ABIERTA

La culpa fue mía.
Un no a tiempo
es lo que tortura mis días.

Tus te quiero ya eran migajas.
Ahora somos tres.
¿Qué me queda?

Ver cómo recoges tus cosas
mientras me restas.

Tres menos yo
igual a:

Solo fui una excusa.

DE ILUSIONES TAMBIÉN SE LLORA

Quiero amanecer en tus preguntas.
Quiero pedirte perdón antes de equivocarme.
Quiero quererte y aún no te conozco.
Quiero buscar tus porqués y darle la respuesta en besos.
Quiero abrazarte antes de que te vayas.
Quiero quererte
y no sé quererme.

ANTES DE DORMIR

Luz del pasillo encendida,
silencio en la cocina.
El viento golpea las persianas.
Es una noche más.
Y, sin ti,
un amanecer menos.

NO ESTOY

Estar
es ser sin colorantes ni conservantes
Estar
es escuchar más allá del sonido.
Estar
es ser silencio y oxígeno.
Estar
es contigo.

Y tú,
ya no estás.

ARDER DE TI

Entre los dedos sujeto una cerilla.
La enciendo.
Me hipnotiza la llama.
El fuego juega con mi respiración.
Me olvido de todo,
y me quemo.

Así te quiero.

CENA

Esta noche quiero rimar tu nombre en orgasmos.
Quiero besar la métrica de tu cuerpo.
Comerte entre puntos seguidos
y quitar las comas para no perder tiempo.
Ponme poesía para cenar,
aunque tus palabras ya estén frías.

BREVE CUENTO AL DESINTERÉS

Ratón no vayas a la trampa.
La culpa es del queso que te tienta.
Lo sé.
Pero resiste, no mueras de amor,
pequeño ratón,
que ese queso no sabe ni tu nombre.

LAS GANAS

Deshilachar el dolor,
abrigar la prisa
y calmar el aire.
Mirar por encima de la posibilidad,
encontrar la certeza.
Tener la paciencia para no besarte,
tortura de instante.

A DOS VOCES DE CONSCIENCIA

Me gusta escribir.
Sobre todo si es para mí.
¿Para mí?
Sí, para un yo que ya no existe.
Un yo que fui.
Un mí conmigo que escribe
para darme abrigo.

NO QUIERO MÁS TE

No sé cómo olvidarte.
Te recuerdo.
He probado a dejar de pensarte.
Te pienso.
He probado a dejar de quererte.
Te quiero.
He probado a buscarte.
Me pierdo.

MAL DE MUCHOS CONSUELO DE GATOS

Los gatos de Málaga
tienen otro querer.
Desde que te fuiste,
saben de mi tristeza
y se acercan.
No maúllan.
Me miran.
Se posan a mis pies
y piensan:
menos mal que tienes una vida
y no siete para llorarle.

VIVIR SIN TI POR TODOS LOS DÍAS QUE VIVÍ SIN MÍ

Me perdía en tus abrazos.
Los gemidos eran más ruido que placer
y los amaneceres de agosto tan fríos.
Tan jodidamente fríos…

Ya no.
Ya no.
Ya.
No.

Y en ese golpe de mesa dije basta.
Te di una bolsa con tus cosas,
te abrí la puerta de mi casa.
¿Estás seguro?
Desafiabas.

Seguro no.
En paz sí.

NO SÉ CÓMO DEJARTE IR

Olvidé recordarte
y el dolor me dio tregua.
Vi el por qué
y abracé la respuesta.
Lloré tanto como pude
pero no como quise.

Hoy esta página es tuya.

Aún me queda mucho por escribirte.

NO QUEDA NADA

En un silencio como este,
solo puedo pensarte y preguntarte a escondidas.
¿Dónde estás?
Ya ni las canciones suenan a ti.
Las calles se burlan de la casualidad
y no queda el eco de tus te quiero en mis lágrimas.

POR SI ACASO

Cuando escribes con dolor, es cosa de dos.
No sientes daño si el otro no hiere.
Esto es tan simple como cierto.
No escribo conmigo,
aún escribo desde un nosotros.

La ausencia de ti,
me hace llorar en mí.
No vuelvas,
no quiero verte.
Pero tampoco sé cómo dejarte ir.

Lo que más te duele es lo que más quieres.

Necesito que te vayas,
ven a decirme que no
que se acabó.
Y lárgate.

Sé que volver a verte
sería drogarme de tus ojos.
Y tendría que volver a empezar.

Soy adicto a tus besos
la sed me está matando con tus recuerdos.
Por favor si lees esto algún día
y llegas a la conclusión que escribo de ti,
no vuelvas.
No me mates.
Aunque te esté suplicando.

A cada quien su perdida.
A cada cual su dolor.
A mí dejadme en paz.
Que de las dos cosas sé.
Y mucho.
Cuando me quedo callado
dentro de mí pienso:
deja de reciclar dolor viejo por un dolor nuevo.

Por eso cada vez que beso un nuevo amor
Sangra la herida de tu adiós.

CARTA A UN AMIGO

Así se llamaba el poema que me regalaste.
Y hoy ni siquiera tengo tu número guardado.
Una sim no es rival
para las veces que tecleé la esperanza.

Bloqueado de Instagram.
Desvinculado de amigos de Facebook.
Y probablemente olvidado.
Hablo de ti.

Yo aún miro tus recuerdos a escondidas.
Necesito darle alivio al dolor.
Y pensar que seremos
aunque hoy me odies.

NOVIEMBRE

De la primavera todo el mundo habla.
En los veranos todo el mundo se quiere quedar a vivir.
Y en los inviernos
todo el mundo abraza.

Sujetar la nostalgia en otoño sin quemarte
es para valientes.
Es para personas con las manos frías
y el corazón roto.

Abrirte en canal a noviembre,
no todo el mundo sabe,
no todo el mundo quiere.

Las hojas de los árboles al caer
me piden que te llore.

Y no quiero.
No puedo.
No sé.
No me dio tiempo a saber por qué.

Mi terapeuta dice que después de un año, ¿para qué?

Ni los profesionales entienden mi dolor.

O eso cree mi esperanza.

AL TONTO DE LOS PERROS

De la mano sé caminar con mi orgullo.
Pero estoy más protegido en tus recuerdos,
para qué mentirte.

Apago el despertador antes de que suene.
Lloro antes de que me dejes
y te quiero antes de que me lo digas.

No es justo vivir en un casi algo.
Por mi nariz entra aire,
pero me falta cuando no estás.

Y mientras vuelves…
¿Por qué te fuiste?

Fui tan nocivo como el humo.
Te ahogué en mis llantos.
Y te supliqué.

Suplicar del verbo dolor.

Yo duelo.
Tú dueles.
Él duele.

Donde hubo amor no se debería conjugar nada más.
Un adiós sin portazo haría que suspire menos.

UNO MÁS DE GRINDR

Hoy te pienso y sonrío.
Es un día entre tantos.

Me gusta recordarte
con menos necesidad que ayer.
Entiendo que si te fuiste
no fue por mí.

Fue por tu aumento de ganas
en otra persona.
Lo entiendo.
Juro que, hoy,
lo entiendo.

Ayer no lo entendí.
¿Y mañana?
Probablemente tampoco.

Pero hoy es lo que cuenta.

EN FRÍO Y EN VANO

Deshacer el dolor
es caminar sobre pisado
es buscar sin mirar
y nadar en tempestad.

Deshacer el dolor
es desamar amando,
es pintar corazones de negro
y llorar en silencio.

Deshacer el dolor
es barrer la arena,
coser en madera
y fingir aunque duela.

Deshacer el dolor
es rezar sin creer,
correr sin andar
y callar con el corazón gritando.

RESQUICIOS DE ALCOHOL

Necesito un café
en esta tarde de domingo.
La resaca cierra mi hambre.
No de ti.

Ojalá sepa beber menos.
Ojalá sepa odiarte más.

El jägger y tú tenéis algo en común.
Cuanto más os bebo
menos recuerdo quién soy.

Sé que esta resaca solo dura hoy.
Tu adiós
¿Cuánto durará?

Qué injusto el querer
que aun con daño.
Te quiero.

UNO MÁS DE GRINDR (VERSIÓN NO MEJORADA)

Desmesurada angustia.
Contemplada renuncia.
Te quiero me dices.
Necesito mantras nuevos.
¿Por qué me envenenas?

Haces y deshaces mis miedos.

Cuando estás, todo es posible.
Mientras tanto,
no recuerdo como llegué hasta aquí.

Me dan frío tus *en línea.*
Me desconsuelan tus últimas conexiones
y lloro entre tus vistos.

Amanece cuando nos vemos.
Follamos como si nada pasara en mí.
Y entre gemidos perdono tu puerta entornada.
Cuando te vas, tiemblo.

Estoy en tus manos.
Y eso desata mi ira.
¿Cómo enfadarme con esos ojos?

El amor se lucha, decía mi madre.
En esta guerra
las armas las tienes tú.

POR FIN

El espacio que hay en mi interior está vacío.
Y por una vez entiendo que está bien.
Está bien devolverte mis ganas,
mi culpa y mi espera.
Este vacío ahora solo tiene sed de mí.

SIN DOLOR

Las teclas del ordenador son punzadas.
Un alma que recoge sus pedazos y se ordena en palabras.
Sangro verdad.
Lloro por un pasado que grita.

Es como cuando alguien te dice:
'Quita, que tú no sabes'.
Así se hace presente mi pasado.
Así dejo de ver la hora exacta de la vida

(Mi mente solo hace instantes de recuerdos pasados).

Dicen que el dolor nos transforma.
A mí el dolor me agota.
Me deja tirado en el suelo.
Retorcido y desamparado.

Ayuda.

Tanto dolor no cabe en este metro setenta de cuerpo.
Lo evito. Corro. Huyo.
Huir de algo que no existe ahora,
pero que me dejó paralizado ayer.

Alzo la cara y entre lágrimas, intuyo.
¿Soy el epicentro de mi oscuridad?
La culpa, la tristeza y la rabia
se entrelazan para encerrarme.

Tan perdido
Tan jodidamente perdido

No tengo nada para defenderme.
Solo recibo golpes.
Son tan fuertes que no puedo,
me creo todo lo que me dicen.
En el suelo abrazando mis rodillas
digo
basta.

Es un susurro sin fuerzas, sin intención
pero con mucha necesidad.
Vuelvo a decir
basta.
Me da un vuelco el corazón.
Me pongo de pie y grito.
Basta.

La onda expansiva de mi voz alzada,
deja mudo el instante.
Me sacudo mis propios juicios y me repito.
'Hice lo que pude
con lo que sabía en ese momento'.

Otra vez.

'Hice lo que pude con lo que sabía en ese momento'.

Una vez más.

'Hice
lo que pude
con
lo que sabía
en ese
momento'.

Empiezo a caminar, salgo del bucle.
Y no hay nada.
Nunca lo hubo.
Solo fue una mala decisión.
Decidí inventar mi muerte.
Y, ahora, decido inventar el sentido de mi vida.

A Fabio,
el hijo que nunca tendré.

Cuando tengas un sueño, ponle nombre.
Deja de llamarlo sueño, por si te quedas dormido
y te pierdes la vida.

Entre tus manos tienes a Fabio.
A Fabio yo le doy mis buenas noches,
y le doy los buenos días entre mis sábanas.
A Fabio le dejo que guie mis dudas
y me diga que si puedo, es más, por él, debo.

Al cumplir los treinta y tras mucho aprendizaje
a regañadientes me reconcilio con mi pasado
y entiendo que:
Fabio es el hijo que nunca tendré.
El árbol que puede que algún día plante
y el libro que acabo de escribir.

Gracias, Fabio, por hacer crecer mi existencia.
Fabio, eres el amor incondicional que tanto busqué
y que al final me encontró.
Fabio, es lo que tú deberías saber.
Porque todos en la boca del estómago sabemos.
Sabemos que sí y que no.

Sabemos que detrás del miedo no hay más monstruos.
Detrás del miedo está tu versión mejorada
deseando abrazarte.
Es como cuando sabías que la montaña rusa
te iba impedir abrir los ojos
durante el recorrido y aun así te montabas.
Móntate a la vida y ten la certeza que,
aunque andes a ciegas, la vida te guía.

Fabio, acabas de nacer y todas estas páginas llevan tu nombre.
Solo quiero verte crecer en el corazón
de todas las personas que te leen.
Ocúpate de ser el amor con el que te escribo,
por favor, regala instantes de alma.

Persona que te escondes detrás de este libro,
si has llegado hasta aquí haz que nazcan tus sueños.

Quítate la culpa
a base de
palabras
amor
y
vida.

Con la pluma escribo que ya no soy culpable

No fue un punto final.
Tan solo una coma para respirar.

Contemplé el suicidio como opción
de hecho tomé whisky y pastillas con él.
Casi me hace jaque mate
y todo por querer ser la reina del tablero.
Era la figura con más capacidad
de moverme en mi entorno.
Pero encasillaron mi existencia a un solo movimiento.
Solo quería huir de mí
tan rápido
como transparentemente
fuera posible.
Desaparecer sin decir adiós era mi motivación.

"Si no fuera maricón no me pasaría todo esto".

Mi hobbie era encontrar mil razones
por las que querer ser otra cosa.
Supongo que siempre llegaba a la misma conclusión.
Necesito sobrevivir.

Eres gay, ¿verdad?
Se te nota la pluma.
Cuando no escucho esa frase, la echo de menos.

Y digo yo.
Si tengo pluma,
¿por qué no puedo volar?

Ordeno esta culpa,
y entiendo que lo único que me salvó la vida
fue ser yo mismo.

Después de hacerme la reanimación existencial,
ya todo lo demás tiene una importancia relativa.
Sé quién soy y sé lo que quiero.
Ser fiel a mis principios.
Ser cada parte de mí tan intensa como pueda
tener la certeza que nunca seré capaz de hacer tanto daño
como el que me hicieron.

Al conocer el dolor tan de cerca,
sé que puedo ponerme en el lugar de otros
para susurrarles el secreto de la vida.

Quiérete mucho y sé tú mismo.

Antes de que cierres el libro,
no te creas que me he olvidado.

Tras el final de un amor empieza por el principio.
Búscate y nunca más te dejes escapar.
Porque cuanto más buscas que te quieran
menos te quieres a ti.

Solo necesitas encontrar todas tus razones
para quererte sin culpa.

9 788419 411938